D1618244

Huub Oosterhuis

Augen, die
mich suchen

Huub Oosterhuis

Augen, die mich suchen

Gebete und Meditationen
zum Abschied

HERDER

FREIBURG · BASEL · WIEN

Zum Gedenken an
Joke van den Eeden-van-Dinter
1943–2001

Aus dem Niederländischen
von Birgitta Kasper-Heuermann
und Annette Rothenberg-Joerges
unter Mitarbeit von Cornelis Kok

Vorwort

Es gibt eine Geschichte in dieser Welt. Sie wird
erzählt, gesungen, gebetet, angezweifelt und
aufs Neue erzählt. Sie klingt an in einem Lied,
in halben Sätzen, in Redensarten und Seufzern.
Diese Geschichte erzählt davon, dass es mehr gibt
als dieses Hier-und-Jetzt-Leben mit all seinen
kleinen und großen Schrecken, eine Tradition
der Sehnsucht und der Erwartung, dass es jenseits
davon einen viel größeren Raum geben wird, wo
wir uns finden werden und wo Gerechtigkeit für
jeden herrscht. „Ruhe in Frieden" wird dieser
Raum genannt, „Gott" wird dieser Raum genannt.
Wo sind die Toten?
Verborgen in Gott.
Aber in welchem Gott? Es gibt so viele Götter,
so viele sind denkbar, so viele wurden ersonnen.
Verborgen also in welchem Gott?
In dem Gott, von dem in den Psalmen gesagt und
gesungen wird, „dass er nie fahren lässt das Werk
seiner Hände", dass er uns kennt und sieht und
hört. „Ich war noch nicht geboren, du hast mich
schon gesehen." In ihm also geborgen, so wie
Menschen sich manchmal beieinander geborgen
fühlen.

Niemand kann für sich allein wissen, wer Gott ist.
Es gibt aber eine Geschichte, ein Zeugnis über ihn,
eine Glaubensgeschichte, eine Vision, die nur von
Menschen zusammen gelebt und getragen werden
kann. Diese Geschichte – Vision von einem Gott,
für den die Toten leben.

Vor dem Hintergrund dieser biblischen Glaubensgeschichte sind die nachfolgenden Texte verfasst.
Sie können gelesen oder gebetet, gesprochen oder
gesungen werden, in Stunden, da man allein ist,
bei liturgischen Feiern oder verschiedenen Riten
anlässlich von Krankheit, Abschied und Beerdigung.

Huub Oosterhuis

*Wo es in den Texten „sie", „ihr" usw. (Einzahl) heißt,
kann auch „er", „ihm" usw. gelesen werden.*

Inhalt

Abschied

Geleit

Abschied

Nach dir mein Verlangen

Nach dir geht mein Verlangen,
deinem Namen vertraue ich mich an.

Lässt du mich je zuschanden werden?
Nein, für alle, die auf dich setzen,
bist du ein guter und verlässlicher Gott.

Mach mich mit deinen Wegen vertraut.
Lenk mich auf die Spur deiner Wahrheit.
Komm mir entgegen mit Treue und Licht.

Allzeit halte ich Ausschau nach dir.
Wie ist dein Name, wo bist du zu finden?
Ewiger Gott, wir wollen dich sehn.

Nach dir geht mein Verlangen,
deinem Namen vertraue ich mich an.

Nach Psalm 25

Halt mich am Leben

Halt mich am Leben, sei meine Rettung,
allzeit halte ich Ausschau nach dir.

Gott, weil du bist, so wie du bist:
Wend dich mir zu und sei mir doch gnädig,
denn auf dich warte ich ein Leben lang.

Allzeit halte ich Ausschau nach dir.

Bist du es denn, der kommen wird?
Ist es ein anderer, den wir erwarten?

Allzeit halte ich Ausschau nach dir.

Ich harre auf dich

So wie ein Hirsch dürstet nach lebendem Wasser,
dürst' ich nach Gott, dem lebenden Gott.

Ich bin tief betrübt, ich denk' an dich –
all deine Fluten umbranden mich,
Wogen schlagen über mich hin.

Lebender Gott, mein Fels, hast du mich vergessen,
warum muss ich in Trauer gehen,
gequält und erniedrigt?

Ich bin mutlos, aufständisch – doch ich harre auf dich.
Du bist mir Rettung, du bist mein Gott.

So wie ein Hirsch dürstet nach lebendem Wasser,
dürst' ich nach Dir, dem lebenden Gott.

Nach Psalm 42–43

Komm, eil mir zu Hilfe

Unsere Hilfe ist im Namen,
der Himmel und Erde gemacht hat.

Der treu bleibt bis in Ewigkeit
und nie fahren lässt das Werk seiner Hände.

Wend deine Augen zu mir, komm, eil mir zu Hilfe.
Sieh mich in dieser Stunde, komm, eil mir zu Hilfe.

~

Du, der das sprachlose Beten hört
hinter den Worten, die wir zu dir rufen –
du, der die Menschen so sieht wie kein Mensch.

~

Aller Hoffnung geht zu dir.
Alle Lebenden bitten dich um Nahrung.

Nimmst du den Atem, so sterben sie,
und sie fallen zurück in den Staub.

Send deinen Geist, er wird sie erschaffen.
Du gibst der Erde ein neues Gesicht.

Lied an das Licht

Licht, das uns anstößt früh am Morgen,
zeitloses Licht, in dem wir stehn,
kalt, jeder einzeln, ungeborgen,
Licht, fach mich an und lass mich gehn.
Dass keiner ausfällt, dass wir alle,
so schwer und traurig wir auch sind,
nicht aus des andern Gnade fallen
und ziellos, unauffindbar sind.

Licht, meiner Stadt getreuer Hüter,
bleibendes Licht, das einst gewinnt.
Wie meines Vaters feste Schulter
trag mich, dein Ausschau haltend Kind.
Licht, Kind in mir, mit meinen Augen
schau aus, ob schon die Welt ersteht,
wo Menschen würdig leben dürfen
und jeder Name Frieden trägt.

Alles wird weichen und verwehen,
was nicht geeicht ist auf das Licht.
Sprache wird nur Verwüstung säen,
und unsre Taten bleiben nicht.
Vielstimmen-Licht in unsren Ohren,
solang das Herz in uns noch schlägt.
Liebster der Menschen, erstgeboren,
Licht, letztes Wort von Ihm, der lebt.

Du wartest

Du wartest auf uns,
bis wir uns öffnen für dich.
Wir warten auf dein Wort,
das uns empfänglich macht.
Stimm uns ein auf deine Stimme,
deine Stille.

Du, der keinem Menschen gleich,
genannt wird „Gott",
gerufen „Du"

gesegnet für deinen Namen:
„Ich werde da sein".

Mach deinen Namen wahr
an dieser einen,
um die wir hier versammelt sind,
die noch am Leben ist,

dass ihr noch gute Nächte
und Tage vergönnt seien,
Stunden der Anerkennung und Liebe,
Augenblicke der Befreiung.
Schenk ihr Erbarmen in Fülle.

Lass leuchten über ihr dein Angesicht.

Gelesen hab' ich

Gelesen hab' ich, was geschrieben steht:
Ein Mensch lebt kurze Zeit und voller Mühsal –
umsonst ist alles, und der Tod ist Herr.

Er kommt und geht, hält Hof, wie's ihm beliebt,
er quält uns, macht uns irr vor Angst und Wut,
nimmt Kinder weg, reißt Liebste auseinander,

gewinnt in jedem Krieg – Tod, langsamer Verfall,
Dieb in der Nacht, Tod, Ende ungereimt,
willkommener Tod, bekannter Unbekannter.

Gelesen hab' ich, was geschrieben steht,
mich anvertraut den unbewiesenen Worten:
Du überlässt die Seele nicht dem Totenreich,

gibst die Geliebte dem Verfall nicht preis –
Wege zum Leben hast du mir gezeigt.
Nicht für den Abgrund hast du uns gemacht.

Geschrieben steht dein Name: Ich werde da sein.

Wend dich nicht ab

Wend dich nicht ab, erbarm dich
meiner angstvollen Seele.

Lass die Flut, die Tiefe
mich nicht verschlingen, erbarm dich
meiner aufständischen Seele.

Lass den Mund des Grabes
nicht über mir zugehn.

Wend dich nicht ab, erbarm dich
meiner haltlosen Seele.

Lass dich jetzt finden, Liebe,
wend dich nicht ab.

Du sagst: Vorbei

Du lässt die Menschen zu Staub vergehn,
du sagst: Vorbei, ach, Adamskinder.
Seit Menschengedenken bist du Gott.

In deinen Augen sind tausend Jahre
wie der Tag von gestern, dahin.
Du löschst uns aus wie den Traum am Morgen.

Wir sind wie das üppig wachsende Gras:
Am Morgen keimt es auf und blüht,
am Abend ist es gemäht und tot.

Ein Menschenleben währt siebzig Jahre,
oder, wenn wir stark sind, achtzig.
Das meiste davon ist Mühsal und Verdruss.

Lehre uns, unsere Tage wertzuschätzen,
dass wir so weise Menschen werden.
Lass gedeihen das Werk unsrer Hände.

Schenk uns so viele glückliche Tage,
wie leidvolle wir ertragen haben.
Lass gedeihen das Werk unsrer Hände.

Nach Psalm 90

Heile mich

Staub und Asche
verherrlichen dich nicht.
Auf mein Sterben
bist du doch nicht angewiesen.

Heile mich. Heile mich nicht.
Was nicht sein kann, kann nicht sein.
Heile mich von meiner Angst.

Denn du bist es, du,
größer als mein Herz,
du hast mich gesehen,
ehe ich geboren.

Bleiben wird die Liebe

Bleiben wird die Liebe von Gott
für alle, die sein Wort befolgen
und danach leben.

Er ruft mich fort aus dem Grab,
ich lebe auf wie ein Adler.
Den Unterdrückten schafft er Recht.
Aufleuchtende Liebe.

Er kennt uns. Er vergisst nicht,
dass wir sind: Staub von der Erde.
Der Sonne gleicht er: Vergebung,
weit wie der Westen und Osten.

Menschen, ihre Tage wie Gras,
Blumen im freien Feld,
der Wind weht, sie sind verschwunden.
Wer weiß, wo sie einmal geblüht.

Bleiben wird die Liebe von Gott
für alle, die sein Wort befolgen
und danach leben.

Nach Psalm 103

Dich gesucht

Dich gesucht bei Tag.
Dachte: im Licht wohnst du.
Reiß das Dunkel auf.
Kehr dein Herz zu mir.

Spurlos bin ich, tot.
Nur nicht tot genug
für ein eignes Grab.
Deiner Hand entraubt,
als du einmal nicht
schautest zu mir hin.

Kehr dein Herz zu mir.

Schaffe neu mein Herz.
Öffne meinen Mund.
Gib Leib dem Schatten.
Tot ist tot. Taubstumm.
Keiner weiß etwas,
Name ausgelöscht.

Kehr dein Herz zu mir.

Wenn von dir zu mir
nicht ein Schimmer kommt,
will ich keinen mehr,
lache maskensteif,
fliehe in die Nacht,
kehr' zur Wüste mich.

Kehr dein Herz zu mir.

Streifen Morgenlicht,
reiß das Dunkel auf.
Kehr mein Herz in mir.

~

Ich hab dich gerufen, Gott,
um deine Gnade gefleht:
„Was hast du davon,
wenn ich sterbe
und man ins Grab mich legt?
Kann der Staub dich denn preisen,
ein Toter deine Treue besingen?
Sei mir gnädig und hilf!"

Da hast du mein Klagen verwandelt
in Jubel. Ich ging in Schwarz.
Du hast mich gekleidet in Freude.

Nach Psalm 30

Kraft zu lieben

Wisch fort die Spuren dieser Nacht,
mach hell mich wie den Morgenstern.

Lass mich hier sein,
Du, der gesprochen hat „Hier bin ich".

Mach mich heiter,
sprich mich offen,
richte auf mein Herz.

Dass nicht taub und stumpf ich werde
vor Verzweiflung und Wut.

Dass mir nicht versiege
die Kraft zu lieben.

Du mein Hirte?

Wärst du mein Hirte, nichts würde mir fehlen.

Führ mich zu blühenden Weiden,
lass mich lagern an strömendem Wasser,
dass meine Seele zu Atem kommt,
dass ich die rechten Pfade wieder gehen kann,
dir nach.

Du, mein Hirte? Nichts würde mir fehlen.

Muss ich in den Abgrund, die Todesschlucht,
dann packt mich Angst – bist du bei mir,
werde ich nicht sterben vor Angst.

Du hast den Tisch schon gedeckt,
meine Spötter wissen nicht, was sie sehen:
dass du meine Füße wäschst, sie salbst mit Balsam,
mir einschenkst. Trink nur, sagst du.

Nichts wird mir fehlen.

Lass es so bleiben, dieses Glück,
diese Gnade, all meine Lebenstage.
Dass ich bis ans Ende meiner Jahre
wohnen werde in deinem Haus.

Du, mein Hirte, nichts wird mir fehlen.

Psalm 23

Salbung und Segnung einer Kranken

„Gib deine Geliebte dem Verfall nicht preis"

Im Namen von allen,
mit denen du gelebt hast
in Dunkel und Licht,
in guten und in schlechten Tagen,
segne ich dich
und danke dir
für das, was du geworden bist,
dieser Mensch.

Ich ehre und achte
und segne deinen Körper,
der schön war und
staunenswert, einzigartig,
so klein und nichtig,
so groß, wie du bist –

deine Füße, mit denen du gegangen bist
auf andere zu,

deine Hände, mit denen du getan hast,
was zu tun war,

deine Ohren, mit denen du Menschen gehört,
deine Augen, mit denen du Ausschau gehalten,
gestrahlt und gesehen hast.

Deine Lippen segne ich
für all die guten Worte,
die du gesprochen hast.

Möge dich begleiten
all das Gute, das du getan hast.
Möge es mit dir gehen
in das Unbekannte.
Mögest du ankommen
in jenem guten weiten Land,
das uns versprochen ist.

Dass der Abgrund
dich nicht verschlinge –
dass du Ruhe und Frieden finden mögest
unter seinen Augen.

Wir legen auf dich
den Namen dieses Einen,
von dem geschrieben steht,
dass er erbarmend und gnädig ist,
reich an Freundschaft und Treue.

Möge sein Angesicht
über dir leuchten.

Weck meine Sanftheit auf

Weck meine Sanftheit auf.
Gib mir wieder
Augen wie ein Kind.

Dass ich sehe, was ist,
und mich anvertraue
und nicht hasse das Licht.

~

Schick mir den Engel
des letzten Trostes,
die Augen eines Menschen.

Versag mir nicht
einen Menschen, der sagt:
Hier bin ich.

Nur eines

Nur eines habe ich begehrt:
dass ich bei dir sein darf.

Wenn du mein Licht bist,
fürchte ich keinen –
wenn du mein Fels bist,
stehe ich fest.

Nur eines habe ich begehrt:
dass ich bei dir sein darf.

Nach Psalm 27

Komm in mich

Komm in mich, wirb, entwaffne mich.
Sieh mich, rühr mich an.
Biet mir die Stirn, erforsche mich.
Tau meinen Namen auf,
enträtsle mich.

Komm in mich, klinge auf in mir,
Tod sitzt tief in mir,
verstummt mein Mund – entsteh in mir,
tu weh, durchglüh mich,
leb mich, leucht in mir.

Komm aus mir, reiß mich auf, mein Kind,
Mensch in mir, wach auf.
Empfang mich, überschatte mich.
Und geh mit mir,
wo niemand mit mir geht.

Komm uns befreien

Dort im Himmel, unser Vater,
einem Himmel, der zu hoch ist –
warum bist du nicht auf Erden,
hier jetzt, Gott in Menschen, Frieden.

Bist du Gott und nicht imstande,
Mord und Totschlag zu verhindern?
Warum gibst du uns die Freiheit,
dass wir Menschen leiden lassen?

Reiß auf die Wolken, komm uns befreien.

Senke Kraft in unsre Hände,
deinen Geist in unsre Herzen,
dass wir lieben lernen können
unsren Nächsten, Freund und Fremde.

Dass wir Mittel finden können
gegen Leiden, unerträglich.

Dass die Großen dieser Erde
sich bekehren zu den Armen.

Dass wir uns Gesetze geben,
um den Hunger zu verbannen,
dass wir goldne Pläne schmieden,
alles Leiden zu beenden.

Reiß auf die Wolken, komm uns befreien.

Krankenkommunion

Fürbitte

Wende dich her zu uns,
wende uns einander zu.

Gesegnet du
für das Wissen und die Ausdauer,
mit denen gegen den Tod gekämpft wird,
in Krankenhäusern und an vielen anderen Orten,
von Menschen, die niemand kennt als du allein.
Gesegnet du
für die Liebe,
mit der Sterbende und unheilbar Kranke
umgeben werden –
gesegnet du
für alles Gute, das getan wird.

Wir bitten dich
für alle, deren Leben nicht sicher ist,
denen Krankheit und Tod bevorsteht.
Wir gedenken all derer,
die jetzt irgendwo auf der Welt
rücksichtslos vernichtet werden,
und aller, deren Leben mit einem Schlag,
innerhalb weniger Sekunden verändert wurde
durch den Tod eines geliebten Menschen.

Für alle, die nicht mehr da sind,
vernichtet, in Rauch aufgegangen –
leere Plätze, Namen, die nicht mehr genannt.

Wie sollen die leben,
die ihre Geliebten verloren haben?
Gesegnet du, wenn du Antwort gibst.

Wende dich her zu uns,
wende uns einander zu.

Beim Austeilen von Brot und Wein

Gesegnet du, der ewig hier jetzt ist,
Ursprung und Zukunft von Erde und Himmel.
Im Andenken an Jesus, deinen Gerechten,
teilen wir dieses Brot und diesen Becher,
Zeichen des Glaubens,
dass nichts unmöglich ist bei dir.
So möge es sein.

Unser Vater im Himmel,
dein Name geheiligt,
dein Königreich kommend,
dein Wille geschehend,
so möge es sein
auf Erden und im Himmel.
Gib uns Brot der Gnade
morgen, noch heute.
Trag unsre Schuld ab.
Lehr uns vergeben.
Gib uns den Mut
zum Weitergehen
auf dem Weg des Lebens.

Gesegnet

Gesegnet du Ewiger,
unsichtbar hier jetzt,
nicht abbildbar, jenseits aller Bildersprache –
gesegnet, der uns Lebenszeit schenkt,
Tage und Nächte, alle Tage neu.

Schenke schmerzfreie Stunden,
Klarheit des Geistes,

dass wir die letzten Worte finden,
den letzten Gruß,
die Stille der Liebe.

Gesegnet du, der weiß,
was Menschen bewegt.

Aussicht weit

Wer darf zu Gast sein in deinen Zelten,
wohnen sogar in deinem Haus,
hoch in den Bergen. Aussicht weit.

Schaff Recht, sprich Wahrheit, läster nicht,
hast du gesagt.
Sei treu, verleugne nicht den Nächsten,
der ein Mensch ist, so wie du, sagst du.

Gesegnet sei dein Wort,
gesegnet dein Name: „Ich werde da sein.“

Nach Psalm 15

Zu dir

Zu dir steh ich auf am Morgen,
rufe die Stunden, flehe um Licht,
krieche um Wasser.

Nach dir dürste ich durch den Mittag,
Leib bin ich, flehende Seele,
mit den Schatten falle ich.

Nach dir wälze ich mich in der Nacht,
schläfst du? Berühre mich, dass ich zur Ruhe komme
und zu dir aufstehe am Morgen.

Nach Psalm 63

Der mich trug

Der mich trug
auf Adlers Flügeln,

der mich hat geworfen
in die Weite,
und als ich kreischend fiel,
mich aufgefangen
mit den Schwingen
und wieder hoch mich warf,

bis dass ich fliegen konnte
aus eigner Kraft.

Du

Du ergründest mein Herz, du durchschaust mich.
Du weißt um mein Gehen und Stehen.

Du kennst meine Gedanken von ferne,
mein Reisen und Wandern, mein Ruhen.

All meine Wege sind dir bekannt –
jedes Wort, das mir auf die Lippen kommt,
unausgesprochen noch, du hörst es schon.

Hinter mir bist du und mir voraus.
Du legst deine Hände auf mich.
Das ist es, was ich nicht begreifen,
nicht denken kann, das ist mir zu hoch.

Wie dem Hauch deines Mundes entkommen,
wohin flüchten vor deinem Angesicht?

Erklimm ich den Himmel, da bist du,
steig ich ab in die Erde, da find ich dich auch.

Hätte ich Flügel des Morgenrots,
flöge ich über die fernsten Meere,
auch dort du, deine Hand,
deine Rechte, die mich festhält.

Riefe ich: „Finsternis, bedeck mich,
Licht, verwandle dich in Nacht" –
für dich besteht die Finsternis nicht.

Für dich ist die Nacht so licht wie der Tag,
die Finsternis ebenso klar wie das Licht.

Deine Schöpfung bin ich mit Herz und Nieren,
Du hast mich gewebt im Schoß meiner Mutter.

Ich will dir danken dafür,
dass du mich so staunenswert gemacht hast.

Meine Seele und Glieder sind dir vertraut.
In mir war nichts deinen Augen verborgen,
als ich geformt wurde tief im Geheimen,
prächtig gewirkt im Schoße der Erde.

Ich war noch nicht geboren,
du hattest mich schon gesehen,
all meine Lebenstage standen in deinem Buch,
bevor auch nur einer durch dich war geschaffen.

Du Ewiger, ergründ nun mein Herz, erforsch mich,
prüf meine geheimen Gedanken.

Mein Weg führt mich doch nicht in die Irre?
Führ mich fort auf dem Weg deiner Tage.

Frei nach Psalm 139

Du mit deinem Namen

Du mit deinem Namen,
deine Freundschaft reicht bis in den Himmel,
deine Treue bis zum Firmament.

Deine Gerechtigkeit steht wie die Berge,
dein Gericht kommt näher als die Flut,
Mensch und Tier wirst du befreien,
unbezahlbar deine Freundschaft.

Deshalb suchen die Kinder der Menschen
Zuflucht im Schatten deiner Flügel
und laben sich am Reichtum deines Hauses.

An den Strömen deines Paradieses
lässt du sie trinken.

Bei dir ist die Quelle des Lebens,
in deinem Licht schauen wir das Licht.

Aus Psalm 36

Wie ein Kind

Gott, ich wähne mich nicht weiser,
bin auch nicht mehr als ein Mensch,

wende mich vom Nächsten nicht ab,
träume keine hochmütigen Träume,

habe meine Bestimmung erkannt,
meine Seele hat Ruhe gefunden

wie ein Kind, das getrunken hat
und ruht an der Brust seiner Mutter,

ein Kind, das getrunken hat,
so ist meine Seele in mir.

Alles erwarten von Ihm,
jetzt und in Ewigkeit.

Frei nach Psalm 131

Zukunft

Bei dir, ich bin
immer bei dir.
Du hältst mich fest,
deine Hand
in meiner Hand.
Alles wirst du
zum Guten führen.
In deinem Ratschluss
nimmst du mich mit.

Was ist der Himmel
für mich ohne dich,
was soll ich auf Erden,
wenn du nicht bestehst.
Zerfällt auch mein Körper,
erlischt auch mein Herz,
du bleibst mein Fels,

mein Gott, die Zukunft,
die auf mich wartet.

Aus Psalm 73

Erster und Letzter

Der von Urzeit an unwandelbar Gott ist,
dir Gestalt gab vom Mutterschoß an –
die Himmel ausspannt und die Erde verankert,
die Meere lotet und wiegt den Staub der Erde,

hat gesprochen: Höre, o Menschenkind,

hochgehoben habe ich dich, von deiner Geburt an,
hochgehoben auf meine Schultern und dich getragen.
Noch wenn du alt und grau bist,
werde ich dich schleppen.
Nichts von dem, was ich gesagt habe,
werde ich nicht tun.

Ein und derselbe bin ich, Erster und Letzter.

Jesaja 46,3–4

Geleit

Ruhe und Frieden

Requiem aeternam dona eis Domine
et lux perpetua luceat eis.
Te decet hymnus Deus in Sion,
et tibi reddetur votum in Jerusalem.
Exaudi orationem meam
ad te omnis caro veniet.
Requiem aeternam dona eis Domine
et lux perpetua luceat eis.

Ruhe und Frieden,
schenke ihr Ruhe und Frieden
bis in Ewigkeit –
dass das ewige Licht leuchte über ihr.

Dir gebührt der Lobgesang,
dass du „Gott auf dem Zion" bist.
Dir wenden wir uns zu –
der du Gott bist in Jerusalem.

Hör mein Beten –
zu dir
wird kommen alles Fleisch.

Ruhe und Frieden,
schenke ihr Ruhe und Frieden
bis in Ewigkeit –
dass das ewige Licht leuchte über ihr.

Der da sagt, er sei Gott

Der da sagt, er sei Gott,
der soll zum Vorschein kommen.
Was fängt man mit einem Namen an?
Soll er aufstehn, dass wir ihn sehn.
Stimme aus Feuer, Wolke am Himmel,
das reicht nicht aus
für diese Erde aus Scherben und Rauch,
wo uns kein Leben vergönnt ist.

Worte und Wunder gibt es genug,
und Götter aus Gold und Versprechen,
doch keinen Gott als befreiende Hand,
jemand, der tut, was er sagt.

Du, der sagt, er sei unser Gott,
verborgen, blendend, unmöglich, du,
was hält dich ab von den Menschen? –
Kannst du die Schläge ertragen,
die Menschen ertragen?
Kannst du den Becher trinken,
den wir trinken müssen?
Gehst du mit uns in den Tod?

Ich steh vor dir

Ich steh vor dir in Leere, arm und bang,
fremd ist dein Name, spurlos deine Wege.
Du bist mein Gott, Menschengedenken lang –
Tod ist mein Los, hast du nicht andern Segen?
Bist du der Gott, der meine Zukunft hält?
Ich glaube, Herr, was stehst du mir dagegen.

Mein Alltag wird von Zweifeln übermannt,
mein Unvermögen hält mich eingefangen.
Steht denn mein Name noch in deiner Hand,
hält dein Erbarmen leise mich umfangen?
Darf ich lebendig sein in deinem Land,
darf ich dich einmal sehn mit neuen Augen?

Sprich du das Wort, das mich mit Trost umgibt,
das mich befreit und nimmt in deinen Frieden.
Öffne die Welt, die ohne Ende ist,
verschwende menschenfreundlich deine Liebe.
Sei heute du mein Brot, so wahr du lebst –
Du bist doch selbst die Seele meines Betens.

Lass mich ein zu dir

Lass mich ein zu dir
in den Ort von Ruh und Frieden,
der benannt ist
nach deinem Namen.

Licht vom Licht. Erbarmen. Himmel.
Liebe ist dein Name.

Dass ich zu dir komm', zum Frieden.
Dass ich nach den Höllenqualen,
wenn das letzte Leid durchlitten,
zu dir kommen darf, mein Frieden.
Dass du mich dann nennst
bei meinem Namen.

Sterblicher, Staub von der Erde,
Leib und Seele ist mein Name.
Atem war ich, Funken Leben.

Liebesfeuer, ewiges Leben,
neue Erde ist dein Name –

in den Ort von Ruh und Frieden,
lass mich ein, zu dir.

Diese Tote

Schenk deine Freundschaft und Treue
diesem verstorbenen Menschen.
Du, der genannt wird
„Gott – Ich werde da sein",
den wir rufen durften
in Stunden der Verzweiflung –

schau auf sie und auf uns alle,
diese Menschen hier.

Du, der weiß, was uns Menschen bewegt,
erbarm dich, sei gnädig, komm befreien.

Stärk uns,
damit wir uns nicht verlieren
in unserem Kummer.

Dein ist die Zukunft,
komme, was kommt.

Licht, das nicht erlischt,
Liebe, die bleibt.

Alle Toten

Erbarm dich, sei gnädig,
komm befreien.

Für alle Toten dieser Tage,
jeder Stunde –
für alle Menschen, hingemordet
in Krieg um Krieg –
für die Kinder, die sterben,
noch bevor sie gelebt haben:

Erbarm dich, sei gnädig,
komm befreien.

Sieh alle, die auf Erden leben,
ihres Lebens nicht sicher,
arme, unterdrückte Menschen,
Flüchtlinge, Gehetzte,
Kranke an Leib und Seele,
untröstliche Herzen:

Erbarm dich, sei gnädig,
komm befreien.

Kyrie eleison.

Sei gnädig

Sei mir gnädig, du, der Gnade ist.
Ich sehe das Böse, das ich angerichtet habe.

Gegen deine Heiligkeit habe ich gesündigt.
Ich höre deine Stimme in meinem Gewissen.

Bedeck meine Sünden, wasch mich rein,
und ich werde so weiß sein wie Schnee.

Schenk mir ein anderes Herz, mein Gott.
Mach mich neu, mach mich verlässlich.

Wend dich nicht ab, verstoß mich nicht.
Send deinen Geist aus, erschaff mich neu.

Psalm 51, frei übertragen

Was ich gewollt

Was ich gewollt,
was ich getan,
was mir getan,
was ich vertan,

was nicht gesagt,
was unversöhnt,
was nicht erkannt,
was ungenutzt,

all das Beschämende,
nimm es von mir.

Und dass ich dies war
und kein andrer –

dieser Rest
an Erdenstaub:
dies war meine Liebe.

Hier bin ich.

Der Mensch, geboren aus einer Frau

Der Mensch, geboren aus einer Frau,
ist arm an Tagen und reich an Unrast.
Wie eine Blume blüht er auf
und wird abgeschnitten,
wie ein Schatten ist er, flüchtig,
nichts bleibt übrig.
Und für den hast du ein Auge?

Für einen Baum, selbst wenn er umgehauen,
bleibt noch Hoffnung:
er treibt neu aus, und grüne Zweige
entsprießen seinem Stamm –
auch wenn die Wurzel in der Erde verdorrt
und sein Stumpf im Boden abgestorben ist,
wird er ausschlagen, sobald er Wasser nur riecht,
er wird blühen wie ein junger Spross.

Doch stirbt ein Mensch,
ist es endgültig –
ein letzter Atem,
vorbei für immer.

Wasser, das verdunstet,
ein Fluss, der versiegt –

so ergeht es dem Menschen.

Ijob 14,1–3.7–12

Totenlied

Schwarz wie Pech wird das Licht,
stockdunkel die Sonne, der Mond und die Sterne.
Bleischwer hängen die Wolken,
und nach dem Regen klart es nicht auf.
Die Wächter fliehen aus dem Haus.
Baumstarke Männer zittern wie Espenlaub.
Die Hand der Müllerin ist müde vom Mahlen.
Die Frauen hinter den Fenstern starren ins Dunkel.
Türen fallen ins Schloss.
Dünn klingt die Stimme des Vogels.
Die Töne des Liedes verlöschen.
Jede Anhöhe furchterregend,
jeder Abhang zu steil.

Ach, Oliven, ihr schmeckt mir nicht mehr,
ihr Mandelbäume, blüht nicht für mich.
Heuschrecke, was schleppst du dich dahin?
Kaperbeere, du hilfst nicht mehr.
So nähern sich Menschen ihrer letzten Wohnung –
Klageweiber warten auf dich.
Die silberne Schnur wird durchtrennt,
die goldene Lampe zerspringt am Boden,
der Krug bricht am Rande des Brunnens,
das Schöpfrad fällt in die Grube und bricht.
Staub kehrt zurück zur Erde, Erde zu Erde.
Der Lebensatem kehrt zurück
zu dem Gott, der ihn gab.

Kohelet 12,2–7

Stark wie der Tod

Die Toten, in der Erde vergangen,
verstreut in alle Winde, unauffindbar,
und alle, die hingingen ohne Gruß –

was hast du mit ihnen gemacht,
du, der nie fahren lässt
das Werk seiner Hände?

Leg sie als ein Siegel
an dein Herz,
als ein Siegel auf deinen Arm,

denn stark wie der Tod
ist die Liebe

Dieser Mensch

Wir danken dir
für diesen Menschen,
für diese Frau,
die uns so vertraut und kostbar gewesen ist
und die so plötzlich weggefallen ist
aus unserer Welt.
Wir danken dir
für die Freundschaft, die von ihr ausgegangen ist,
und für den Frieden, den sie gebracht hat.

Wir bitten dich,
dass nichts von diesem Menschenleben verloren gehe,
dass all das, was sie gelebt und getan hat,
dieser Welt zugute komme,
dass all das, was ihr heilig war,
geachtet werde von denen,
die nach ihr kommen,
und dass sie in allem, worin sie einzigartig war,
weiter zu uns spreche,
gerade jetzt, da sie gestorben ist.

Wir bitten dich,
dass sie weiterleben darf in ihren Kindern,
in deren Herzen und in ihrem Mut zum Leben,
in ihren Gedanken und in ihrem Gewissen.

Leben für ihn

Jesus sprach:
Dass die Toten auferweckt werden,
hatte Mose selbst vor Augen,
als er am Dornbusch
JHWH, den Gott Abrahams,
den Gott Isaaks
und den Gott Jakobs nannte.
Nicht ein Gott von Toten ist er,
sondern von Lebenden.

Denn alle leben für ihn.

Jesus rief mit lauter Stimme:
Vater, in deine Hände
befehle ich meinen Geist.

Denn alle leben für ihn.

Anmerkung:
JHWH ist zu sprechen: „Ich werde da sein".

Er ist nicht hier

Es war Mittag, sechs Stunden nach Sonnenaufgang,
Finsternis fiel über die ganze Erde, drei Stunden lang.
Die Sonne verfinsterte sich.
Der Vorhang im Tempel riss mitten entzwei.
Jesus rief mit lauter Stimme:
Vater, in deine Hände befehle ich meinen Geist.
Und mit diesem Ruf hauchte er den Geist aus.

Am ersten Tag der Woche, früh am Morgen,
gingen Frauen hin zum Grab.
Sie trugen Balsam und duftende Kräuter,
die sie mit eigenen Händen bereitet hatten.
Sie fanden den Stein weggewälzt vom Grab,
sie gingen hinein, fanden aber nicht
den Leichnam von Jesus, dem Herrn.
Da – vor ihren ratlosen Augen, standen
zwei Männer, gekleidet in strahlendem Weiß.
Die Frauen neigten das Gesicht zur Erde,
voll Furcht – die Männer sprachen zu ihnen:

Was sucht ihr den Lebenden bei den Toten?
Er ist nicht hier. Er ist auferstanden.

Lukas 23–24

Gedanken

„Ein Land, das gut und weit ist" – so lautet eines
der beliebtesten Bilder, mit denen biblische
Propheten-Dichter ihre durch und durch irdischen
Zukunftserwartungen ausgedrückt haben. Sie hatten
die Hoffnung auf ein erfülltes irdisches Leben. „Wenn
ich doch nicht die Gewissheit hätte, seine Rettung zu
sehen in diesem Leben auf Erden" (Psalm 27). Aber
es taucht auch der Gedanke auf, und er wirkt weiter
fort, dass der Gott, den wir im Leben erfahren als
Befreier, als Schöpfer von Lebensräumen, dass dieser
undenkbar Ewige, der mich trifft mit seinem Wort,
hier-jetzt, der zu mir spricht in meinem Gewissen,
… dass dieser bekannte, fremde, ferne Gott, dessen
Name lautet: „Ich werde da sein, für dich" – dass
dieser mit meinem Tod nicht aufhört, „für mich
da zu sein". Mein Tod wird nicht das Ende unserer
Beziehung sein. Und wie soll das gehen? Das weiß ich
nicht, ich lasse es auf mich zukommen.
In meiner Todesstunde also, wenn ich einstürze wie
eine Ruine, auseinanderfalle (man muss sich das
einmal konkret vorstellen), wenn ich also sterbe, dann
hört er nicht auf, für mich da zu sein? „Ich möchte
Gott nicht als einen unveränderlichen Gott, sondern
als ewige Jugend sehen. Wie soll man das ausdrücken?
Das übersteigt unser Vorstellungsvermögen. Gott
ist jeden Augenblick neu. Allezeit Quelle neuer
Möglichkeit. Das gilt im Hinblick auf die Geschichte:
Gott geschieht uns immer. Ich denke, auch dann,
wenn wir sterben. Er ist die Perspektive auf Leben
über den Tod hinaus." *(Edward Schillebeeckx).*

Weiß Gott

Weiß Gott, das wär' gut:
eine Welt, wo Gerechtigkeit
und nicht der Tod herrscht.

Was wird nach dem Tod? Eine größere Weite,
wo wir uns finden?
Wo uns gelingt, was uns nie gelang,
wo wir ernten, was wir nicht gesät.
Worte – wir dachten nicht, dass es sie gäbe,
aber es gab sie.
Oder gehen wir in Flammen auf?
Oder flammen wir auf in der Sonne?

Weiß Gott, das wär' gut:
eine Welt, wo Gerechtigkeit
und nicht der Tod herrscht.

Vielleicht noch auf dieser kostbaren Erde
Jahrhunderte Schönheit.
Weite Landschaft, offener Himmel,
Flüsse aus Licht, Ferne in Blau,
Felsen, Eichenwälder, Täler,
Städte in Gärten.
Und Stille, größer als Sprache.
Und Liebe, stark wie der Tod.

Gott weiß, es wird gut:
eine Welt, wo Gerechtigkeit
und nicht der Tod herrscht.

Du, der gesagt hat

Du, der gesagt hat,
dass du nie fahren lässt
das Werk deiner Hände –
beschäm uns doch nicht.

Du, der die Erniedrigten sieht,
kennst von Gesicht die Betrübten,

du wirst nicht verstoßen
die Liebe deiner Jugend.

Du, der geschworen hat,
dass du niemals mehr vertilgen wirst
die Erde.

Und weichen auch Felsen
und wanken die Berge,
du weichst nicht von uns.

Du, der gesagt hat,
dass du nie fahren lässt
das Werk deiner Hände –
beschäm uns doch nicht.

Jesaja 54,6–10

Aus Lehm und Glut

Aus Lehm und Glut wirst du uns machen,
hoch auf Felsen, an Wasserströmen,
aus Duft und Glanz,
aus Licht und Klang,
dein Ebenbild.

Volk, das in Finsternis geht,
Menschen, mit Stummheit geschlagen.
Es wird geschehen, sagt er,
dass sie erstrahlen wie neu.

Aus Licht und Klang
wirst du uns machen,
dein Ebenbild.

Nicht mehr zerrissen, gehemmt,
nicht mehr in Worten gefangen,
heil und erkannt und befreit.
Endlich ein Mensch werd ich sein.

Aus Licht und Klang
wirst du uns machen,
dein Ebenbild.

Dort steht der Thron des Gerichts,
der Tisch steht bereit für die Armen,
dann ist die Stunde des Lamms,
bald werde ich kommen, sagt er.

Aus Lehm und Glut wirst du uns machen,
hoch auf Felsen, an Wasserströmen,
aus Duft und Glanz,
aus Licht und Klang
dein Ebenbild.

Für alle, die noch leben

Wir bitten dich für uns selbst,
die durch den Tod so vieler Menschen
geprüft und angefochten werden.
Dass wir uns nicht dem Schmerz überlassen,
dass er uns nicht den Atem nimmt und einsam macht.
Gib, dass wir wieder Mut fassen,
uns diesem Leben anzuvertrauen.

Für alle, die blindlings weitermachen
und ihren Schmerz nicht zulassen können,
dass sie aufgerichtet werden
in ihrer Verzweiflung.

Für alle, die leben müssen
mit einem leeren Platz an ihrer Seite,
für alle, die trauern
um ein Kind, das sie verloren haben,
um einen Freund, der jetzt in ihrem Kreise fehlt,
um einen Verlust, für den es keine Worte gibt.

Für alle, die durch Krankheit
von ihrer Umgebung ausgeschlossen sind
und auf sich selbst zurückgeworfen.
Für alle, die in Streit mit andern leben
und keinen Ausweg sehen.

Für alle, die entmutigt sind
durch die Härte der Menschen,
dass sie das Lebenslicht nicht hassen,
dass sie das Böse
nicht für stärker halten als das Gute,
sondern ihr Herz ohne Verbitterung
offen halten in Hoffnung und Erwartung.

Und für alle, die sterben,
ohne dass jemand um sie trauert,
für alle, die verloren gingen
in Krieg oder Gefangenschaft,
für alle, die zu Tode vereinsamt sind:

Du mögest sie hören
und in deinem Herzen bewahren.

Gebet zur eucharistischen Feier

Wir nennen deinen Namen,
Gott – Ich werde da sein,
wir segnen dich, diese Stunde,
diesen Tag, den du uns gibst,
wir beten dich an, benommen oder gelassen,
fremd geworden oder widerstrebend,
voller Glauben und Unglauben zugleich,
du bist ein Gott der Lebenden,
du hast dich nicht geschämt, unser Gott zu sein,
ewig und treu, auf Leben und Tod,
in guten wie in schlechten Tagen.
Solltest du dann nicht deinen Namen wahr machen
und diesem toten Menschen gnädig sein?

Das bitten wir dich
um Jesu willen,
den du gerufen und gesandt hast,
um uns voranzugehen zu dir,
der Mensch geworden ist
und schwer geprüft war,
der in Freud und Leid an dir festhielt,
der alles vollendet hat,
unser Leben, unseren Tod,
der sich mit Leib und Seele
dieser Welt hingegeben hat.

Der als Zeichen seiner Überzeugung
Brot nahm und es brach.
Der gesagt hat:

Dies ist mein Leib, nehmt und esst.
Der auch den Becher nahm
und gesagt hat:
Nehmt und trinkt,
Vergebung eurer Sünden.

Der bis zum Kreuz
an dir festhielt,
der dich in Todesnot rief:
„Gott, mein Gott,
warum hast du mich verlassen"

der von dir gehört und gesehen wurde –
„Vater, in deine Hände
befehle ich meinen Geist."

Gib uns den Atem und die Kraft,
die in ihm war,
dass wir voller Hoffnung und unbeirrt
weiter den Weg des Lebens gehen
und einander festhalten
und wachsam bleiben,
dass keiner deiner Menschen verloren geht.

Dass wir in ihm dich finden dürfen
und nah bei dir auch alle,
die uns im Glauben vorangegangen sind.

Dass wir dich sehen und mit dir sprechen dürfen,
so wie ein Mensch mit einem anderen Menschen
spricht.

Ich sah

Ich sah einen neuen Himmel und eine neue Erde,
denn der erste Himmel und die erste Erde
waren vergangen,
und auch das Meer war nicht mehr da.

Ich sah die Stadt, das Heilige Neue Jerusalem,
herabkommen aus dem Himmel von Gott her
wie eine Frau im Brautschmuck für ihren Mann.

Da hörte ich eine laute Stimme vom Thron,
die sprach:
Siehe, das Zelt Gottes bei den Menschen.
Er wird wohnen in ihrer Mitte.
Sie werden seine Völker sein.
Er wird Gott sein in ihrer Mitte.
Er wird alle Tränen von ihren Augen abwischen,
und der Tod wird nicht mehr sein –
kein Leid, kein Weinen mehr, kein Schmerz,
denn alles Alte ist vergangen.

Und der auf dem Thron saß, sprach:
Siehe, ich mache alles neu.
Und ich hörte die Stimme: Schreib diese Worte auf,
sie sind unfehlbar treu.

So wie geschrieben steht:
Ich werde da sein ist mein Name.

Offenbarung 21,1–5

Dann werde ich leben

Es wird in aller Frühe sein,
wie damals.

Der Stein ist weggerollt.
Ich bin aus der Erde auferstanden.
Meine Augen können das Licht ertragen.
Ich gehe und stolpre nicht.
Ich spreche und verstehe mich.
Menschen kommen mir entgegen –
wir sind in Bekannte verwandelt.

Der Morgendunst steigt auf.
Ich dachte, karges Land weürde ich sehen.
Volle Garben sehe ich, lange Halme, Ähren,
gefüllt mit reifem Korn.
Bäume umranden die Felder.
Hügel wogen in der Ferne,
bergaufwärts, und werden Wolken.

Dahinter,
Kristall geworden und blendend
das Meer, das die Toten zurückgab.

Wir schlafen einer im Schatten des andern.
Wir wachen morgens auf vom ersten Licht,
als ob jemand uns gerufen hat
mit vollem Namen.

Dann werde ich leben.

Vor dem Thron

Ich sah eine große Menschenschar,
die niemand zählen kann,
zusammengerufen
aus allen Völkern und Sprachen.
Sie standen vor dem Thron
von ihm, der lebt,
und um das Lamm.
Sie waren gekleidet in strahlendem Weiß
und sie sangen, mit mächtigen Stimmen,
und riefen:
Gesegnet unser Gott,
der Lebende,
und gesegnet das Lamm.
Ich fragte:
Die da singen,
gekleidet in strahlendem Weiß,
wer sind sie?
Jemand sprach zu mir:
Es sind die,
die durch die Hölle gegangen sind.

Da sah ich die Toten
stehen vor dem Thron,
Große und Kleine.

Das Meer gab die Toten zurück.
Der Tod und der Abgrund
gaben die Toten zurück.

Vor deinem Angesicht

Du, der in dieses Leben uns gerufen hat,
lass uns einander angehören.
Dass wir nach Wegen suchen,
einander Hilfe und Schutz zu sein,
dass wir nicht leben ohne Halt und fern von dir –
nimm uns in Schutz vor uns selbst.

Vor deinem Angesicht gedenken wir:
all deiner ermordeten Menschen,
aller Getöteten in Krieg um Krieg,
der Unzählbaren aus allen Völkern,
der sechs Millionen,
aller Gefolterten, aller Vermissten,
der Opfer von endlosen Katastrophen,
aller Verstoßenen der Erde.

Du, der die Welt mit Tränen sieht,
die Geringsten, am stärksten gefährdet.

Vor deinem Angesicht gedenken wir
unserer Toten, Namen um Namen –
aber auch unserer Lebenden,
all derer, mit denen wir da sind,
der Kinder, die uns anvertraut sind,
der Fremden, nah und fern,
und all derer, die uns anbefohlen sind,
die wir nennen sollen vor deinem Angesicht.
Gesegnet um deines Namens willen:
„Ich werde da sein".

Letzter Segen

Um diesem Menschen,
dieser Frau,
die letzte Ehre zu erweisen,
um ihrem Leben und Sterben
Recht widerfahren zu lassen,
sind wir hier um den toten Leib versammelt,
um das, was von ihr geblieben ist.

Wir sagen
in tastendem Glauben,
dass dies nicht das Ende ist,
dass der, den wir Gott nennen,
„Ich werde da sein",
ein Gott von Lebenden ist.

Mehr als ihr Leib
ist uns der Name dieses Menschen geblieben.
Diesen Namen sprechen wir hier aus,
mit Respekt und mit Zuneigung
und wir bitten:
Erinnere dich ihres Namens,
den sie von Menschen empfangen hat,
unter dem sie bekannt ist,
auch jetzt, da sie gestorben ist.
Dieser Name,
den du in deine Hand
geschrieben hast.

Zum Zeichen unserer Hoffnung,
dass Gott diesem Menschen
einen neuen, unsterblichen Leib geben wird,
und um unseren Glauben an die Auferstehung zu
bezeugen,
segne ich diesen toten Leib
im Namen von „Gott – Ich werde da sein".

Der tote Leib wird mit Wasser gesegnet.

Lasst uns nun gehen in Frieden,
um sie, die wir diese Stunde
zum letzten Mal in unserer Mitte haben durften,
fortzutragen zu ihrem Grab.
Wir geben sie aus den Händen.
Wir legen sie in die Erde,
in die Hände des lebendigen Gottes.

Es werden Blumen auf den Sarg gelegt.

Mögen unsere Gebete sie begleiten.

Die Tote wird hinausgetragen.

Niemand lebt für sich selbst,
niemand stirbt für sich selbst.
Wir leben und sterben
für Gott, unsern Herrn,
denn wir gehören zu ihm.

Lied von der Auferstehung

Die Steppe wird blühen,
die Steppe wird lachen und jauchzen.
Die Felsen, die stehn
seit den Tagen der Schöpfung
voll mit Wasser, doch dicht,
sie werden sich öffnen.
Das Wasser wird strömen,
das Wasser wird glitzern und strahlen,
Durstige kommen und trinken.
Die Steppe wird trinken,
die Steppe wird blühen,
die Steppe wird lachen und jauchzen.

Verbannte, sie kommen
mit leuchtenden Garben nach Hause.
Die gingen in Trauer
bis zum Ende der Erde,
hin auf immer, allein,
vereint kehr'n sie wieder.
Wie Bäche voll Wasser,
wie Bäche voll sprudelndem Wasser,
brausend herab von den Bergen.
Mit Lachen und Jauchzen –
die säten in Tränen,
kehr'n wieder mit Lachen und Jauchzen.

Der Tote wird leben.
Der Tote wird hören: Nun lebe.
Zu Ende gegangen,
unter Steinen begraben:
Toter, Tote, steht auf,
es leuchtet der Morgen.
Da winkt eine Hand uns,
uns ruft eine Stimme: Ich öffne
Himmel und Erde und Abgrund.
Und wir werden hören
und wir werden aufstehn
und lachen und jauchzen und leben.

Seine Hand

Seine Hand berührte mich,
sein Geist versetzte mich
mitten ins Tal des Todes,
das übersät war von Gebeinen und Knochen.

Er fragte mich: Menschenkind,
werden diese Gebeine und Knochen
je wieder lebendig werden?
Ich antwortete: Du weißt es.

Er sagte:
Sprich zu diesen Gebeinen und ruf:
Verdorrte Gebeine und Knochen,
hört auf das Wort
von dem, der ist und war
und immer sein wird. Er spricht:
Ich werde dir eine Seele geben,
so dass du wieder lebendig wirst.
Ich werde Muskeln auf dich legen
und Fleisch über dich wachsen lassen.

Ich werde Haut über dich ziehen
und dir Lebensatem einblasen,
so dass du wieder lebendig wirst,
und du sollst wissen,
dass ich es bin,
dein Gott – Ich werde da sein.

Ezechiel 37,1–6

Wer leben will wie Gott auf dieser Erde

Wer leben will wie Gott auf dieser Erde,
muss sterben wie ein Weizenkorn,
muss sterben, um zu leben.

Er geht den Weg, den alle Dinge gehen,
er trägt das Los, er geht den Weg,
er geht ihn bis zum Ende.

Der Sonne und dem Regen preisgegeben,
das kleinste Korn in Sturm und Wind
muss sterben, um zu leben.

Die Menschen müssen füreinander sterben.
Das kleinste Korn, es wird zum Brot,
und einer nährt den andern.

Den gleichen Weg ist unser Gott gegangen,
und so ist er, für dich und mich
das Leben selbst geworden.

Während die Tote zu Grabe getragen wird,
kann dieses Lied gesungen werden.

Letzte Worte

Dies ist der Ort,
an dem ihr Leib eins werden wird
mit der Erde, dem Staub der Erde,
aus dem sie gemacht ist.

Möge dies ihre ungetrübte Ruhestätte sein.

Dass wir sie hier im Gedenken
vor dem Vergessen bewahren.

~

Die Toten, so zahlreich
wie Sandkörner am Strand des Meeres –
die Toten, wie Tränen vergossen?

Die Toten, vergangen in der Erde,
wie Tränen, versteinert im Grund?

Sie liegen gesät
wie Korn in der Erde,
sie werden aufstehen,
wogende Garben,

ein neuer Morgen.

In das Paradies

In paradisum deducant te Angeli.
In tuo adventu suscipiant te Martyres
et perducant te in civitatem
sanctam Jerusalem.
Chorus angelorum te suscipiat,
et cum Lazaro quondam paupere
aeternam habeas requiem.

In das Paradies
mögen Engel dich begleiten.
Wenn du ankommst,
werden alle, die gemartert wurden,
dich in die Arme schließen –
und dann tragen sie dich mit
in die Stadt,
das heilige Jerusalem.
Dort wird ein Chor
von Lichtgestalten
sich um dich scharen
und mit Lazarus, dem armen Schlucker,
wirst du sein in Ruhe und Frieden
für alle Zeit.

Augen, die mich suchen

Augen, die mich suchen,
mir folgen – bis wie weit.

Ich biege ab,
da, wo kein Licht mehr,

mir keine Hand hilft,
kein Ohr mehr mich erkennt,

keiner mich grüßt,
kein Name passt,

da, wo kein Mensch ist,
da, wo kein Gott ist.

Augen, die mich sehen,
die mich ansehn, dort.

Anmerkungen

Von Birgitta Kasper-Heuermann wurden übersetzt
die Texte auf den Seiten:
20, 22, 23, 25, 27, 29, 30, 32, 35, 37, 39, 44, 45, 46, 47,
51, 52, 57, 58, 62, 65, 66, 70, 72, 82

Von Annette Rothenberg-Joerges wurden übersetzt
die Texte auf den Seiten:
15, 16, 18, 21, 24, 28, 33, 34, 36, 38, 40, 41, 42, 54, 55,
56, 59, 60, 61, 63, 64, 67, 68, 74, 75, 77, 80, 81, 84, 85

Von Cornelik Kok wurden übersetzt
die Texte auf den Seiten:
19, 86

Außerdem:
Text auf Seite 17
(*„Ich harre auf dich"*): Hanns Kessler
Text auf Seite 26
(*„Dich gesucht"*): Frans Doevelaar
Text auf Seite 53
(*„Ich steh vor dir"*): Alex Stock
Text auf Seite 79 unten
(*„Niemand lebt für sich selbst"*): Peter Pawlowski
Text auf Seite 83
(*„Wer leben will wie Gott"*): Johannes Bergsma

Huub Oosterhuis

Huub Oosterhuis, geboren 1933 in Amsterdam,
wurde schon früh bekannt als Dichter und
schreibt seit 1960 Texte und Lieder im Umfeld der
„Amsterdamer Studentenekklesia".
Huub Oosterhuis' Sprache lebt vom Gespräch mit
den biblischen Texten und der Poesie unserer Zeit.
Viele, denen die Glaubenssprache ihrer Kindheit
fremd geworden war, haben in seiner Dichtung
wieder ein „Zuhause" gefunden.
Lieder von Oosterhuis wurden aufgenommen in
die wichtigsten katholischen und protestantischen
Liedsammlungen in den Niederlanden. Einige davon
findet man auch im katholischen „Gotteslob" und
im Evangelischen Gesangbuch. Das bekannteste ist
wohl das Lied *Ich steh vor dir mit leeren Händen, Herr,*
das hier in einer neuen Übersetzung aufgenommen
ist. Seit 1990 erscheinen von den ins Deutsche
übersetzten Oosterhuis-Liedern auch Partituren
und CDs.
Neben seiner liturgisch-theologischen Arbeit hat sich
Huub Oosterhuis auch im gesellschaftspolitischen
Bereich engagiert.
Am 18. Oktober 2002, drei Tage nachdem er die
Predigt bei der Begräbnisfeier seines Freundes,
des Prinzen der Niederlande Claus von Amsberg,
gehalten hatte, empfing er von der Freien Universität
Amsterdam den Ehrendoktor in Theologie.

www.huuboosterhuis.nl

Die Übersetzerinnen:

Birgitta Kasper-Heuermann, Dr. phil., geboren 1955, Niederlandistin, lebt und arbeitet als Übersetzerin und freie Kursleiterin in Aurich. Seit ihrem Kontakt mit der Amsterdamer Stiftung „Lehrhaus und Liturgie" und dem „Lehrhaus Bremen" Ende der achtziger Jahre übersetzt sie Lyrik und Prosa von Huub Oosterhuis.

Annette Rothenberg-Joerges, geb. 1946, Anglistin, lebt und arbeitet in Bremen und ist dem „Lehrhaus Bremen" von seiner Gründung an eng verbunden. In diesem Kontext hat sie, in Zusammenarbeit mit der Amsterdamer Stiftung „Lehrhaus und Liturgie", bereits mehrere Oosterhuis-Liedtage im norddeutschen Raum organisiert und Texte von Huub Oosterhuis übersetzt.

Cornelis Kok, geboren 1948, ist Theologe und Liturgiker, Leiter der Amsterdamer Stiftung „Lehrhaus und Liturgie". Seit 1980 arbeitet er eng mit Huub Oosterhuis zusammen und begleitet die Übersetzungen und Verbreitung von dessen Texten in andere Sprachen.

Weitere Texte von Huub Oosterhuis

Huub Oosterhuis
Ich steh vor dir
Meditationen, Gebete und Lieder

Herausgegeben von Cornelis Kok
unter Mitarbeit von Birgitta Kasper-Heuermann
und Annette Rothenberg-Joerges
192 Seiten, kartoniert
ISBN 978-3-451-28095-5

Ein umfassender Querschnitt durch das Werk
des Dichters und Theologen. Die Texte handeln
von den großen Themen des Glaubens und von
der Liebesgeschichte Gottes mit den Menschen.
Die Lieder und Gebete von Huub Oosterhuis
sind nie abstrakt oder banal: Sie treffen ins Herz
des Einzelnen und sind zugleich ein notwendiger
Impuls für den Gottesdienst der Gegenwart.

HERDER

Die Originalausgabe erschien unter dem Titel
Ogen die mij zoeken. Afscheid en uitvaart
2005 bei Uitgeverij Kok, Kampen (Niederlande)
© 2005 Uitgeverij Kok, Kampen

Alle Rechte der deutschsprachigen Ausgabe vorbehalten
© Verlag Herder Freiburg im Breisgau 2007
www.herder.de

Umschlagmotiv:
Burkhard Finken, Stuttgart
Innengestaltung:
werkdruck – Thomas Hein
www.werkdruck.de

Druck und Bindung:
fgb · freiburger graphische betriebe
www.fgb.de

Gedruckt auf umweltfreundlichem,
chlorfrei gebleichtem und säurefreiem Papier
Printed in Germany

ISBN 978-3-451-29287-3